ARE MY EYES BIGGER THAN MY STOMACH?

¿SON MÁS GRANDES LOS OJOS QUE EL ESTÓMAGO?

BIRD SERIES VOL. 4 SERIE DE AVES
1st EDITION

MALE ANHINGA Texto y photos por

CAROL CREAGER

WHY DO I THINK I CAN SWALLOW SO MUCH AT A TIME?

¿POR QUÉ CREO QUE PUEDO TRAGAR TANTO A LA VEZ?

Dedicated to all bird lovers, nature lovers, and children who enjoy reading about the wildlife of their planet, or at least of tiny Costa Rica.

Dedicado a todos los que quieren los pájaros y la naturaleza y a los niños que les gusta leer de la vida silvestre de su planeta o por lo menos de Costa Rica.

My name is Andy Anhinga. I am the only anhinga, so I do not need another name to identify me.

Me llamo Andy Anhinga. Soy la única anhinga. Por eso, yo no necesito otro nombre para identificarme.

I sit on the nest while my wife
Andrea eats. We remain together
for life.

**Me siento en el nido mientras
mi esposa Andrea come. Nos
quedamos juntos por toda la vida.**

What are our babies like?

¿Cómo son los bebés?

And our teenagers.

Y los muchachos.

Andrea: **When we are ready to have children, we adults both have a ring of turquoise circling our eyes.**

Andrea: **Cuando estamos listos para tener hijos, los adultos tenemos un círculo de turquesa alrededor de los ojos.**

Andrea: **We anhingas live in the wetlands of the southern U.S. (Florida) and in Central and South America. I live in Costa Rica.**

Andrea: **Las anhingas vivimos en las marismas del sur de los Estados Unidos (la Florida) y en Centroamérica y Sudamérica. Yo vivo en Costa Rica.**

We are often called "snakebirds"
because we catch fish underwater,
then lift our head and neck above
water.

A veces nos llaman «aves serpientes» en inglés porque cogemos peces debajo del agua y nos levantamos la cabeza y cuello, como una serpiente.

We get wet when swimming, so we sink.

Nos mojamos cuando nadamos;
por eso, nos hundimos.

We can swim under water more easily than birds who have oil glands to provide them with a way to avoid getting their feathers wet.

Podemos nadar debajo del agua más fácilmente que los pájaros que tienen glándulas oleosas.

We have to dry our feathers in the
air after swimming underwater.

Tenemos que secar nuestras plumas en el aire después de nadar debajo del agua.

Carol tells me that there are so many anhingas drying themselves along the highways that they seem to be a symbol of Florida.

Carol me dice que hay tantas anhingas secándose al lado de las carreteras que parecen ser un símbolo de la Florida.

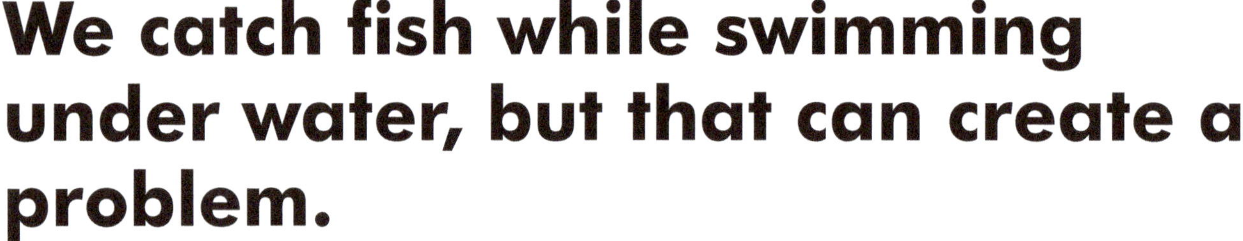

We catch fish while swimming under water, but that can create a problem.

Comemos peces mientras nadamos debajo del agua, pero puede crear un problema.

In English, there is a saying about your eyes being bigger than your stomach, as well as about biting off more than you can chew. Of course, we don't have teeth.

En inglés, hay un dicho que los ojos son más grandes que el estómago; además de morder más que puedes mascar. Por supuesto, no tenemos dientes.

Our eyes see a large fish as a delicious meal. What a meal! Can I swallow it?

Los ojos pueden ver un pez grande como una comida sabrosa. ¡Qué comida! ¿Puedo tragarlo?

We anhingas have throats that stretch so that we can swallow a large fish. There are limits to our throat stretch, though.

Las anhingas tenemos gargantas que podemos dilatarnos para tragar un pez grande. Hay límites a cuánto podemos tragar.

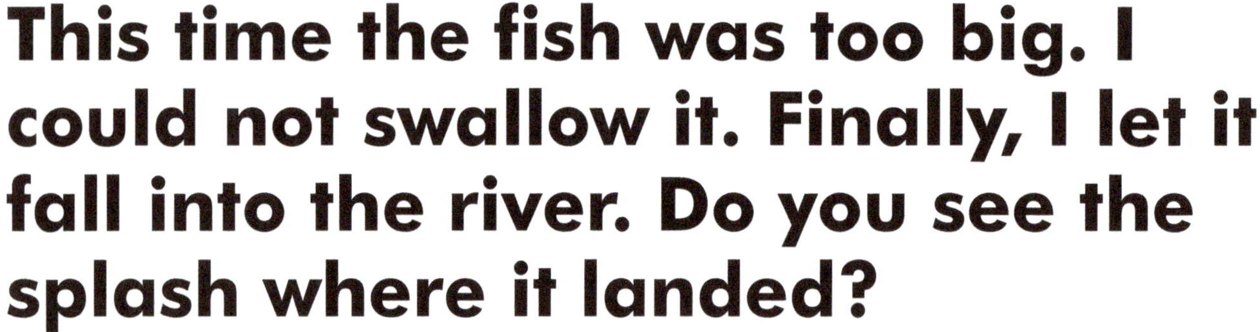

This time the fish was too big. I could not swallow it. Finally, I let it fall into the river. Do you see the splash where it landed?

Pero esta vez el pez era demasiado grande. No pude tragarlo. Por fin lo dejé caer en el agua. ¿Ves la ola donde se cayó?

I was so embarrassed. I wanted to fly away. I learned another difficult lesson.

Yo estaba tan avergonzado.
Quería volar del sitio. Aprendí otra
lección difícil.

There are so many lessons that we all have to learn.

Hay tantas leccciones que tenemos todos que aprender, si somos jóvenes o adultos.

We have to continue learning all
our lives.

Tenemos que seguir aprendiendo toda la vida.

We who want to survive have to
continue watching, thinking, and
changing.

**Los que queremos sobrevivir
tenemos que seguir mirando,
pensando, y cambiando.**